For Arabella,
Georgina, William,
and Thomas

MADEMOISELLE CHIC

TEXT ©JENNIFER L. SCOTT
ILLUSTRATIONS ©DAIWA SHOBO
JAPANESE TRANSLATION RIGHTS
ARRANGED WITH TRIDENT MEDIA GROUP, LLC
THROUGH JAPAN UNI AGENCY, INC., TOKYO

マドモアゼル・シック
すてきな女の子になるレッスン

ジェニファー・L・スコット =作

たんじあきこ =絵　神崎朗子 =訳

エマは おきにいりの いすに すわって、
おかあさんの ざっしを めくるのが だいすき。
パリの おしゃれな ざっしです。

「おかあさん、
　これ　なんて　かいてあるの？」

「マドモアゼル・シック。
　マドモアゼル　っていうのは、
　エマくらいの　としごろの
　女の子の　ことよ」

「シックって、どういう いみ?
　びじん ってこと?」

「びじん とは かぎらないかな」
「じゃあ、おしゃれ ってこと?
 かわいい ふくを きてる人のこと?」

おかあさんは
にっこりして いいました。
「それも あるけど、
 シックって いうのは
 おしゃれなだけ じゃなくて、
 もっと すてきなの」

「どうしたら シックに なれるの？
　ねえ、おしえて！」
　エマは わくわくして いいました。

マドモアゼル・
シック
になるための
レッスン
1日目(いちにちめ)

きょうから、レッスンの はじまりです。
おかあさんが いいました。
「マドモアゼル・シックには、いい ところが
　たくさん あるの。まずは、こころが
　やさしくて、れいぎ正しい こと。

　こんにちは、さようなら と
　いつも きちんと ごあいさつ。
　あいての 目を見て はなします」

「お店で なにかを 買う ときは、
　これを ください と いいましょう。
　おれいを いうのも わすれずに」

「ほしいものを 買って もらえなくても
 だだを こねたり しないで、おかあさんの
 いうことを ききましょう」

「ほしくないものは、**いらない**
　なんて いわずに **いいえ、けっこうです** と
　いいましょう。では、さっそく れんしゅうよ！

　エマちゃん、大きな ワニさんを
　ペットに いかがですか？」
「いいえ、けっこうです！」
エマは わらいながら、大ごえで
いいました。

「ドアを とおったら、
　うしろの 人の ために
　ドアを おさえて あげましょう。

　　　　　　だれかに ぶつかった ときは、
　　　　　　すみません と あやまります」

「人に はなしかける ときも、
　すみません と いいましょう。

　それから、
　　げっぷを しちゃった ときもね！」

「マドモアゼル・シックは、
　人の　はなしを　よく　ききます。

　あいての　ことばを　さえぎらずに、
　じっと　耳を　かたむけます」

「でも、とちゅうで はなしかけたくなったら、
すみません、ちょっといいですか って
　いえば いいんだよね?」
エマは とくいげに いいました。

　　　　　　「そうそう、そのとおり!」
　　　　　　おかあさんが いいました。

「マドモアゼル・シックは、
　おもいやりの　ある　女の子。
　『じぶんが　人に　してもらいたい　ことを、
　人に　してあげなさい』という　ことばを
　たいせつに　しています。
　家の　お手つだいも　よくします」

「マドモアゼル・シックは、
学ぶことが だいすき。
本を たくさん よんで、
どんどん あたらしいことを
はっけんします。

そうぞうりょくが
とても ゆたか です」

「マドモアゼル・シックは、
 べんきょう だけでなく、
 ならいごとも がんばります。
 どちらも だいじ だからです」

「わたしが ピアノや バレエを
　ならっている みたいに?」

「そう! エマは ほんとうに
　ピアノと バレエが
　だいすきね」

「さあ、そろそろ おやすみの じかんよ。
もう ねないとね。つづきは また
あしたの あさに しましょう」

SPECIAL TIPS
シックになるヒント

ねるまえに 本を よむと、
ゆったりした きぶんで
ぐっすり ねむれます。

「おかあさん、おやすみなさい」
「おやすみ、エマ」

マドモアゼル・シックになるためのレッスン
2日目(ふつかめ)

つぎのあさ、エマは 目が さめるとすぐ、
おかあさんの いる キッチンへ
すっとんで いきました。
マドモアゼル・シックに なるための ほうほうを、
もっと おしえて ほしかったからです。

「あさに なったよ！」
エマは はりきって いいました。
「つぎの レッスンは なあに？」

「あらら、それより　まず、
　『おはよう！』って　あいさつを　しなくちゃ。
　あわてんぼう　さんね」
　おかあさんは　わらいました。

「では、あさの レッスンを はじめましょう。
 おへやは どんな ようすかな？
 いっしょに もどって 見てみましょう」

「あさ、目が さめたら、
 お水を 1ぱい のみましょう。

 ねている あいだに あせを かいて
 からだの すいぶんが へってしまうから、
 お水が ひつようなの」

まいあさ、じぶんで
ベッドメイキングを しましょう。
ベッドを きれいに ととのえるのは
たのしくて、きもちが いいことだから。

① かけぶとんを かけなおして、
しわを きれいに のばします。

② まくらを
おきなおします。

③ うっとりする くらい
きれいに しましょう。

ぬいだ パジャマは
きれいに たたみましょう。
おせんたくを してほしい ときは、
せんたくかごに いれること。

マドモアゼル・シックは きちんと
かおを あらって、かみを とかします。
日(ひ)やけどめクリームを ぬった ときは、
クリームが 白(しろ)く のこらない ように
よく のばしましょう。

SPECIAL TIPS
おしゃれのコツ

いっしゅうかんに
いちどは ヘアブラシを
きれいに すること。

みじたくが すんだら、あさごはん です。

げんきに もりもり おいしく たべたら、
みんなで さっと あとかたづけ。

はみがきをして トイレに いったら、
そろそろ いえを 出る じかんです。

わすれものは ないかな?
しっかり かくにん しましょう。

ほどうを 歩(ある)く ときは、
ほこうしゃや じてんしゃに
気(き)をつけましょう。
おうだんほどうを わたる ときは、
車(くるま)や バイクに ちゅうい して
あんぜんを かくにん します。

学校に ついたら、先生がたに
おはようございます と あいさつ しましょう。
先生の 目を見て きちんとね。

マドモアゼル・シックは、ことばづかいや
おぎょうぎに 気をつけます。

「でも、おかあさん、学校には
　マドモアゼル・シックみたいに
　おぎょうぎの　いい子　なんて、
　あんまり　いないよ！
　どうすれば　いいの？」
エマは　ききました。

「そういう ときは
　人は人、じぶんは じぶん、
　って おもうこと。

　だって、エマは
　マドモアゼル・シックに
　なりたいんでしょ？」

「だから、先生の おはなしを よくきいて、
じゅぎょうに しゅうちゅう しましょう。
そうすれば、あいての はなしを よくきく
れんしゅうにも なるわ。

学校でも、マドモアゼル・シックを
めざして がんばりましょう！」

「じゃあ、ともだちと ケンカを したときは、
どうすれば いいかな?

このあいだ、サラと シールのことで
ケンカ しちゃったの。
だって、わたしの シールなのに
サラは じぶんのだって いうんだもん」

「そう。もしかしたら ふたりとも
 おなじ シールを もっていて、
 かんちがい しちゃったのかもね。

『いいすぎちゃって ごめんね』って
 じぶんから なかなおり してみたら?
 なかの いい おともだちは
 だいじに しないとね」

「そうだね、サラは　だいじな
　ともだち　だもん。シールのこと　なんかで
　ケンカ　しなきゃ　よかったな。
　とにかく、やってみる！」
エマは　いいました。

マドモアゼル・
シック
になるための
レッスン
3日目(みっかめ)

BEFORE
おかたづけ まえ

きょうは 学校から かえったら、
おかあさんに おへやの
おかたづけを おそわります。
ベッド いがいの ところも
きれいに しないとね。

「さあ、それでは
　レッスンを　はじめましょう。
　ベッドメイキングと　おなじで、
　おかたづけを　すると
　おへやが　見ちがえるほど
　きれいに　なるわよ」
おかあさんが　いいました。

「だけど、やっぱり おかたづけって
　めんどうくさい なあ！」
エマは もんくを いいました。

「おかたづけは　ちらかった　おへやを
　すてきに　へんしんさせる　まほうだと
　おもったら、たのしいわよ。

　マドモアゼル・シックは、どんな　ことでも
　たのしんで　やってしまうの」

「きれいずきに なる コツは、
　つかった ものを
　すぐに かたづける こと。

ペンや 本を しまう ばしょや、
よごれた ふくを おく ばしょは
ちゃんと きまって いるよね。

ほかのことを する まえに、
つかった ものは きまった
ばしょに かたづけましょう」

> **エマの はんせい**

おさいほうセットを つかった あと、
かたづけるのを うっかり わすれて
クレヨンと がようしを ひろげちゃった!
おかたづけ、あしたは もっと
がんばろうっと。

「それから、ゆかの 上に 本が
 なんさつも おきっぱなしね。たなが
 いっぱいで、本が はいらない みたい。
 まずは、たなを せいりして
 いらない ものを かたづけましょう。
 そうすれば、本を しまう ばしょが
 できるわ」

SPECIAL TIPS
きれいずきの コツ

1. ものを しまう ばしょを きめる。
2. きまった ばしょに かたづける。

「ベッドメイキングや つかった ものを
かたづけるのは、まいにち やること。
おへやが すっきり かたづいていると、
とっても いいきもちです」

「いっしゅうかんに いちどは
　ゆかに そうじきを かけて、
　つくえや たなの上を ふいて
　ぴかぴかに します。
　ゆったりと くつろげる
　じまんの おへやに しましょう」

LESSONS
TO BE A
MADEMOISELLE
CHIC

DAY
4

マドモアゼル・
シック
になるための
レッスン
４日目

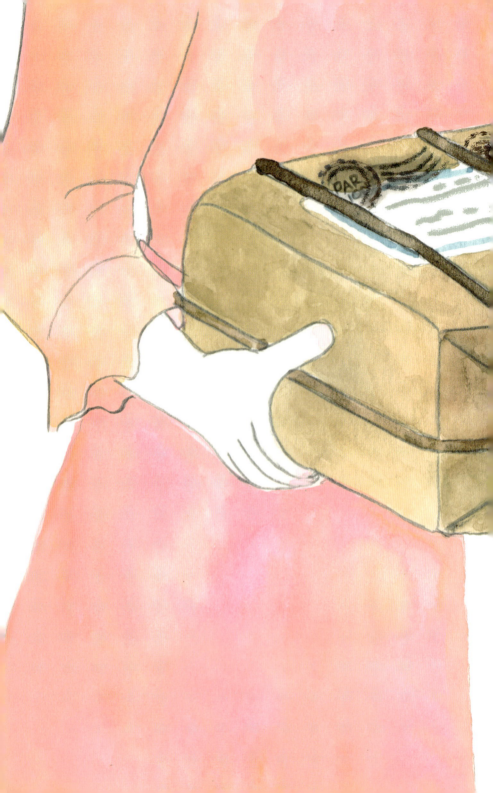

つぎの日、おかあさんが こづつみを
もってきました。
「きょう、エマに こづつみが とどいたわよ。
　キリおばさんが りょこうさきの パリから、
　なにか おくってくれた みたい」

エマは わくわく しながら こづつみを
あけました。すると、はこの なかから
エッフェルとうの すてきな スノードームが
出てきました。
「わあ、すてき!」エマは おおよろこびです。

「ちょうど いいから、
　あたらしい レッスンを しましょう。
　おれいじょうを かきます。
　プレゼントを くれた おばさんに、
　かんしゃの きもちを つたえるの。
　いちばん いいのは、
　すぐに お手紙を かくことよ」
おかあさんが いいました。

エマは カードに こころを こめて
おれいの メッセージと絵を かきました。

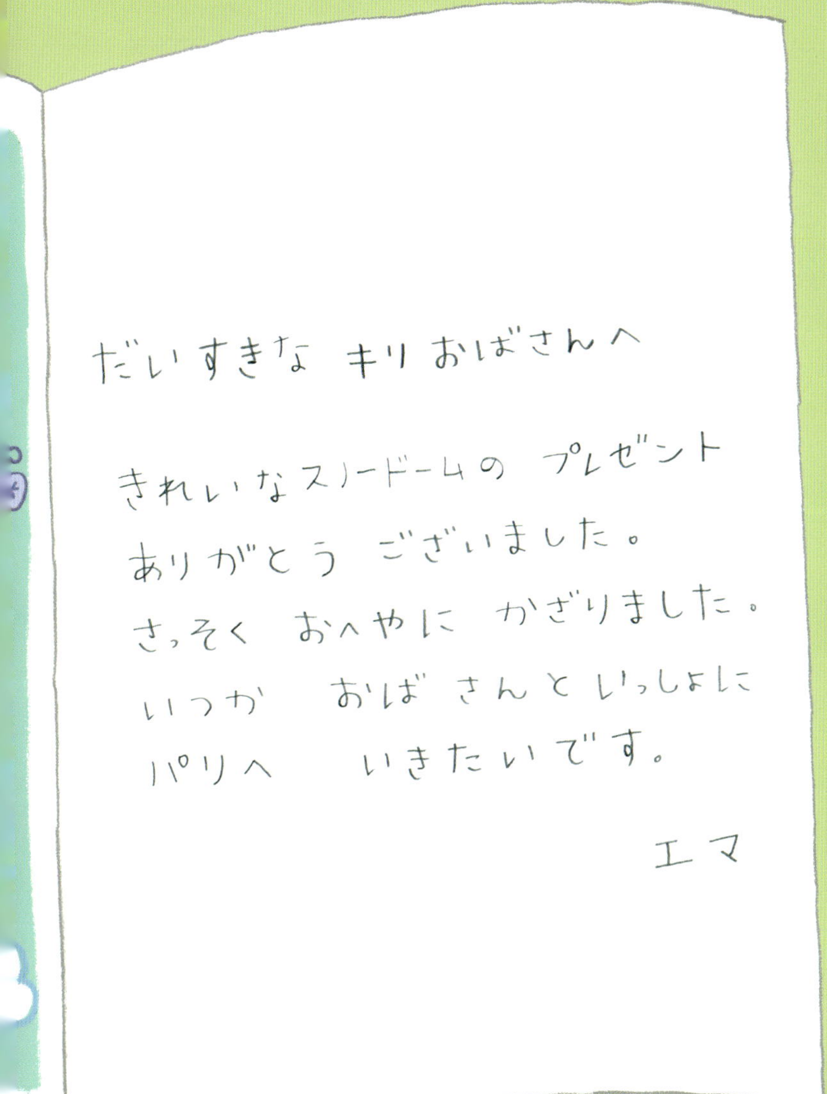

だいすきな キリ おばさん へ

きれいな スノードーム の プレゼント
ありがとう ございました。
さっそく おへやに かざりました。
いつか おば さん と いっしょに
パリへ いきたいです。

エマ

「ねえ、おかあさん。
 ひとつ、しつもん しても いい?
 もらった プレゼントが あんまり
 うれしく なかった ときは
 どうするの? やっぱり、おれいじょうを
 かかなくちゃ いけないの?」

おかあさんは わらって いいました。
「そうよ。あまり 気にいらなくても、
 プレゼントを くれた人には、かんしゃの
 きもちを つたえるのが れいぎだもの」

「でも、むりに 気にいった ふりを しなくて
 いいの。みじかくても いいから
 　きちんと おれいの ことばを かけば
 　じゅうぶんよ」

マドモアゼル・
シック
になるための
レッスン
5日目(いつかめ)

「きょうは しせいに ついて 学びます。
 さっそく、くわしい 人に
 おしえて もらいましょう」

　　　　　　　　いったい だれのこと？

いつもの　じかんより　はやく
バレエきょうしつに　つきました。
そうか！　おはなしを　きく人は
バレエの　先生、マダム・プティ　だったのです。

「いつも　よいしせいを　こころがけること。
　バレエの　レッスンの　ときだけじゃなくてね」

「さあ、せすじを すっと のばして。
あやつりにんぎょう みたいに
あたまから 糸が のびて
上に ひっぱられている つもりに
なってみましょう」

バレエの レッスンの あとは、
おうちに かえって よるごはんです。
マドモアゼル・シックは たのしい かいわが
だいすきで、じぶんが はなすのも たのしむと
おかあさんが おしえて くれました。

そこで、エマは 学校での できごとを
おとうさんと おかあさんに はなしました。

「シールのことで ケンカ しちゃったけど
　ごめんね って サラに あやまったの。
　なかなおり しようよ って」

「それで、サラは なんて いったの?」
おかあさんが たずねました。

「うん、なかなおり しよう って
　ハグしてくれたよ! ほっとしちゃった」

それから、テーブルマナーを ならいました。
しょくじの ときは、
ひざの上に ナプキンを ひろげます。
うっかり ソースを こぼしてしまった
けれど、ナプキンの おかげで
およふくを よごさずに すみました。
ああ、よかった！

そして、しょくじちゅうは テーブルに
ひじを つかないように 気をつけます。
せすじを のばして すわると、
しぜんと ひじを つかなくなる みたい。

エマは、マダム・プティに おそわった
正(ただ)しい しせいの コツを
ふたりに おしえて あげました。
おとうさんが しゃきーんと
せすじを のばしている ようすは
なんだか おかしかったです。

よるごはんの あとは、
みんなで おさんぽ しました。
「そとに 出て、
からだを うごかすのは
だいじだよ。エマは
どんな うんどうが すき?」
おとうさんが いいました。

「じてんしゃに のるのが
すき！ でも、
いちばん すきなのは、
バレエの レッスン。
エレガントに なれるから。
マドモアゼル・シックに
なるためにも
やくにたつ でしょ？」

みんなで 川ぞいの みちを あるいていくと、
ちょうど 夕日が しずむところ でした。
エマは おとうさん、おかあさんと 手をつないで
しあわせ いっぱいの きぶんです。

「おかあさん、マドモアゼル・シックに
　なるための　レッスンを　してくれて、
　ありがとう。まいにちが　チャレンジ
　みたいで　わくわく　しちゃう！」

「マドモアゼル・シックに　なるための
　さいごの　レッスンは、そんなふうに
　いつも　わくわく　していることよ。
　これからも　あたらしいことを　どんどん
　学(まな)んで、まいにちを　たのしもうね」

川べを 歩きながら、エマは おとうさんと
おかあさんの 手に ぶらさがって
ぶらんこを しました。

とうとう、エマも あこがれの
マドモアゼル・シックに なったのです。

作者

ジェニファー・L・スコット Jennifer. L. Scott

南カリフォルニア大学卒業。大学3年生のときに
フランスのソルボンヌ大学、パリ・アメリカ大学へ留学。
パリで学んだ素敵な暮らしの秘訣を紹介した『フランス人は10着しか服を持たない』
『フランス人は10着しか服を持たない2』「「凛とした魅力」がすべてを変える』
(すべて大和書房)は日本でベストセラーに。
イギリス人の夫と4人の子どもとともに、カリフォルニア州ロサンゼルスに在住。

画家

たんじあきこ Akiko Tanji

イラストレーター、絵本作家。東京都在住。
広告、キャラクターデザインなどの仕事も手がける。
創作絵本に『そおっとそおっとね』(ほるぷ出版)、
『いじわるちゃん』(岩崎書店)など。

訳者

神崎朗子 Akiko Kanzaki

翻訳家。上智大学文学部英文学科卒業。
おもな訳書に
『フランス人は10着しか服を持たない』シリーズ、
『スタンフォードの自分を変える教室』
(いずれも大和書房)、
『やり抜く力』(ダイヤモンド社)がある。

マドモアゼル・シック
すてきな女の子になるレッスン

2018年11月20日　第1刷発行
2021年12月10日　第4刷発行

作者　ジェニファー・L・スコット

画家　たんじあきこ

訳者　神崎朗子

発行者　佐藤　靖

発行所　大和書房
〒112-0014
東京都文京区関口1-33-4
電話 03-3203-4511

ブックデザイン　albireo

印刷　歩プロセス

製本　ナショナル製本

Japanese text© Akiko Kanzaki 2018
Illustrations ©Akiko Tanji 2018
Printed in Japan
ISBN 978-4-479-67103-9
乱丁・落丁本はお取り替えいたします
http://www.daiwashobo.co.jp